Mis emociones

ABURRIDO

Un libro de Las Raíces de Crabtree

AMY CULLIFORD
Traducción de Pablo de la Vega

CRABTREE
Publishing Company
www.crabtreebooks.com

T0019815

Apoyos de la escuela a los hogares para cuidadores y maestros

Este libro ayuda a los niños en su desarrollo al permitirles practicar la lectura. Abajo están algunas preguntas guía para ayudar al lector a fortalecer sus habilidades de comprensión. En rojo hay algunas opciones de respuesta.

Antes de leer:

- ¿De qué pienso que trata este libro?
  - *Este libro es sobre el aburrimiento.*
  - *Este libro es sobre cómo se ve o se siente estar aburrido.*
- ¿Qué quiero aprender sobre este tema?
  - *Quiero aprender qué hace que la gente se sienta aburrida.*
  - *Quiero aprender cómo se ve una persona aburrida.*

Durante la lectura:

- Me pregunto por qué...
  - *Me pregunto por qué bostezamos cuando estamos aburridos.*
  - *Me pregunto qué podemos hacer cuando estamos aburridos.*
- ¿Qué he aprendido hasta ahora?
  - *Aprendí que puedes leer cuando estás aburrido.*
  - *Aprendí que puedes jugar cuando estás aburrido.*

Después de leer:

- ¿Qué detalles aprendí de este tema?
  - *Aprendí que está bien sentirse aburrido.*
  - *Aprendí que puedes hacer muchas cosas cuando estás aburrido.*
- Lee el libro una vez más y busca las palabras del vocabulario.
  - *Veo la palabra **llueve** en la página 4 y la palabra **bostezo** en la página 6. Las demás palabras del vocabulario están en la página 14.*

Estoy **aburrida**.

Me aburro
cuando **llueve**.

Bostezo cuando estoy aburrido.

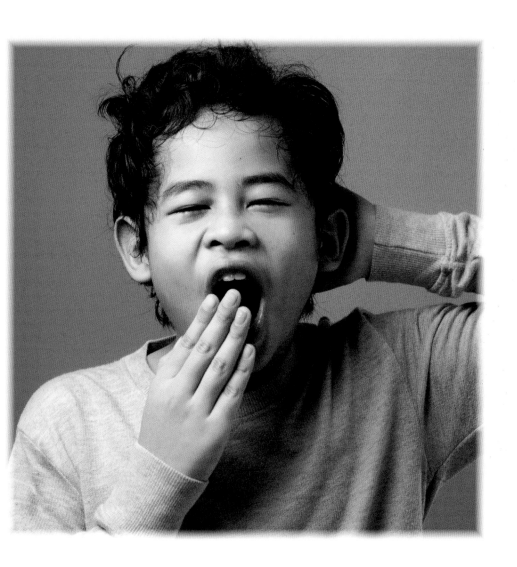

Cuando voy en el **automóvil** me aburro.

Leo cuando
estoy aburrido.

Juego cuando estoy aburrido.

¿Cuándo te
sientes aburrido?

Lista de palabras

Palabras de uso común

cuando	en	te
cuándo	estoy	
el	me	

Palabras para conocer

aburrida

automóvil

bostezo

juego

leo

llueve

29 palabras

Estoy **aburrida**.

Me aburro cuando **llueve**.

Bostezo cuando estoy aburrido.

Cuando voy en el **automóvil** me aburro.

Leo cuando estoy aburrido.

Juego cuando estoy aburrido.

¿Cuándo te sientes aburrido?

Mis emociones

ABURRIDO

Written by: Amy Culliford

Designed by: Rhea Wallace

Series Development: James Earley

Proofreader: Ellen Rodger

Educational Consultant:

Marie Lemke M.Ed.

Translation to Spanish:

Pablo de la Vega

Spanish-language layout and

proofread: Base Tres

Print and production coordinator:

Katherine Berti

Photographs:
Shutterstock: Juan Pablo Gonzaález: cover; diplomedia: p. 1; Syda Productions: p. 3, 14; GOLFX: p. 5, 14; airdone: p. 7, 14; Leszek Glasner: p. 8-9, 14; Zurijeta: p. 10, 14; Motortion Films: p. 11, 14; fizkes: p. 13

Library and Archives Canada Cataloguing in Publication
Title: Aburrido / Amy Culliford.
Other titles: Bored. Spanish
Names: Culliford, Amy, 1992- author. | Vega, Pablo de la, translator.
Description: Series statement: Mis emociones | Translation of: Bored. | Translation to Spanish: Pablo de la Vega. | "Un libro de las raíces de Crabtree". | Text in Spanish.
Identifiers: Canadiana (print) 2021020799X | Canadiana (ebook) 20210208007 | ISBN 9781427139993 (hardcover) | ISBN 9781427140050 (softcover) | ISBN 9781427139870 (HTML) | ISBN 9781427139931 (EPUB) | ISBN 9781427140111 (read-along ebook)
Subjects: LCSH: Boredom—Juvenile literature.
Classification: LCC BF575.B67 C8518 2022 | DDC j152.4—dc23

Library of Congress Cataloging-in-Publication Data
Names: Culliford, Amy, 1992- author. | Vega, Pablo de la, translator.
Title: Aburrido / Amy Culliford ; [translated by] Pablo de la Vega.
Other titles: Bored. Spanish
Description: New York, NY : Crabtree Publishing Company, [2022] | Series: Mis emociones, un libro de las raíces de Crabtree | Includes index.
Identifiers: LCCN 2021019829 (print) | LCCN 2021019830 (ebook) | ISBN 9781427139993 (hardcover) | ISBN 9781427140050 (paperback) | ISBN 9781427139870 (ebook) | ISBN 9781427139931 (epub) | ISBN 9781427140111
Subjects: LCSH: Boredom--Juvenile literature. | Emotions in children--Juvenile literature.
Classification: LCC BF575.B67 C84518 2022 (print) | LCC BF575.B67 (ebook) | DDC 152.4--dc23
LC record available at https://lccn.loc.gov/2021019829
LC ebook record available at https://lccn.loc.gov/2021019830

Crabtree Publishing Company

www.crabtreebooks.com   1-800-387-7650

Printed in the U.S.A./062021/CG20210401

Published in the United States
Crabtree Publishing
347 Fifth Avenue, Suite 1402-145
New York, NY, 10016

Published in Canada
Crabtree Publishing
616 Welland Ave.
St. Catharines, Ontario L2M 5V6